**Willi Fährmann** schreibt seit rund 50 Jahren Bücher für Kinder, Jugendliche und Erwachsene. Sein literarisches Schaffen wurde mit zahlreichen Preisen ausgezeichnet und in viele Sprachen übersetzt.

**Martin Wüstner** ist selbstständig tätig als Komponist, Musikproduzent und Musiker und unterrichtet E-Gitarre an einer Jugendmusikschule. In Zusammenarbeit mit Willi Fährmann hat er bereits das Kindermusical „Der überaus starke Willibald“ vertont.

**Gabriele Hafermaas** illustriert Kinder- und Jugendbücher sowie Schulbücher.

Gedruckt auf umweltbewusst gefertigtem, chlorfrei gebleichtem und alterungsbeständigem Papier.

1. Auflage. 2004
Nach der Neuregelung der deutschen Rechtschreibung

Satz: Fotosatz H. Buck, Kumhausen
Druck und Bindung: Ludwig Auer GmbH, Donauwörth
ISBN 3-403-0**4168**-9

# Inhalt

# Zum Aufbau des Buches

**Teil I** des Buches enthält den Spieltext von „Paco baut eine Krippe“.
Darin eingebunden sind die Lieder für den Chor- bzw. Sologesang, und zwar als Melodiestimme mit Gitarrenakkorden.

**Teil II** enthält den vollständigen Notensatz für Klavier- bzw. Keyboardbegleitung mit Chorstimmen.

Im **Teil III** finden Sie Hinweise zur gestalterischen und musikalischen Umsetzung des Theaterstücks.

Im **Teil IV** ist der komplette Text des vergriffenen Kinderbuches „Paco baut eine Krippe“ von Willi Fährmann (© beim Autor) abgedruckt, auf dem das Theaterstück basiert.

Dem Buch liegt eine **Audio-CD** bei. Bei allen Liedern finden Sie im Buch einen Hinweis auf die Titelnummern der CD, z.B. 2/13. Die erste Zahl bezeichnet das Hörbeispiel mit Gesang, die zweite Zahl das dazugehörige Play-back.

**Viel Freude bei der Umsetzung wünschen Ihnen**

# I

## Paco baut eine Krippe

## Weihnachtstheater mit Musik

# Eingangslied: Unsre große, kleine Welt

## Unsre große, kleine Welt 1/11

*(einstimmiger Kinderchor)*

Text: Willi Fährmann
Musik: Martin Wüstner

**Gitarrengriffe**

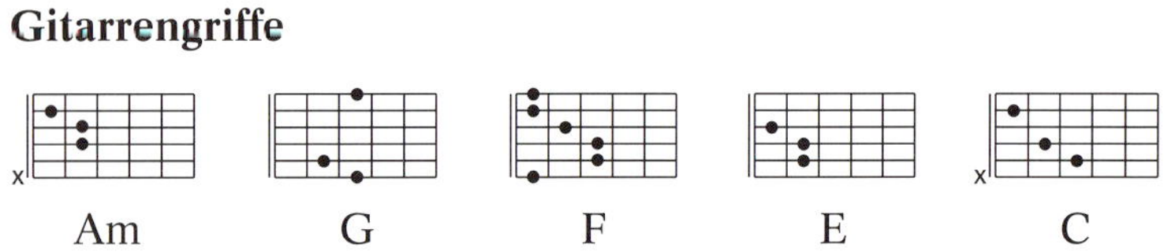

# 1. Szene

*(Paco und Mama Teresa.)*

PACO: (*kommt von rechts auf die Bühne*) Mama! Maaamaaa!

TERESA: *(tritt aus der Tür)* Was ist, du Schreihals? Wo brennt es?

PACO: Mama, ich hab …

TERESA: *(setzt sich auf einen Hocker vor das Haus)* Ich weiß es schon, du hast Hunger. Immer hast du Hunger. Der Maisbrei ist erst in einer halben Stunde fertig. Du wirst doch wohl nicht vor Hunger umfallen, oder?

PACO: Mama, ich hab von Don Alfredo …

TERESA: Ich weiß es. Du hast von Don Alfredo Arbeit bekommen.

PACO: Ja, Mama, ich hab den ganzen Tag bei der Maisernte geholfen. *(reckt sich und stöhnt)* Hab geschuftet wie ein Mann.

TERESA: Soll schon was gewesen sein. Bist gerade mal zehn Jahre alt. Und dann willst du gearbeitet haben wie ein Mann. (*lacht*) Bist genau wie dein Vater. Aufschneiden könnt ihr beide ganz gut.

PACO: Kannst es ruhig glauben, Mama. Fernando hat es auch gesagt: „Hast geschafft wie ein Mann.“ Hat er gesagt. Kannst ihn ja fragen, Mama. Hat er wirklich gesagt.

TERESA: Hast du auch den Tageslohn gekriegt, genau wie ein Mann?

PACO: Nö. Das nicht. Aber …

TERESA: Hab’s mir gedacht. Ich kenne doch Don Alfredo. Der gibt einem Jungen niemals seinen Lohn. Eher beißt er sich ins Bein.

PACO: Hat er aber doch, Mama. Ich habe einen halben Silberpeso gekriegt. Und morgen darf ich wiederkommen, hat er gesagt. *(Paco nimmt das Halbpesostück aus der Hosentasche, reibt es unschlüssig zwischen den Fingern und gibt es dann der Mutter.)*

TERESA: Kaum zu glauben. *(Sie schaut das Geldstück genau an, beißt darauf und steckt es in die Schürzentasche.)* Wirklich, ein echtes Pesostück.

PACO: Jetzt glaubst du es wohl, Mama.

TERESA: Nicht schlecht, Paco. Ich werde gleich in Don Alfredos Laden gehen. Für das Geld kaufe ich Mehl und Öl. Eier hab ich noch ein paar. Und weißt du, was ich dann mache? Ich werde heute Abend noch Tortillas backen. Und du, du kriegst das erste, was aus der Pfanne kommt. Was sagst du dazu, mein Sohn?

PACO: Prima, Mama. Mach das.

## 2. Szene

*(Paco und Rosa. Paco hockt in der Bühnenmitte. Rosa betritt die Bühne von links.)*

ROSA: Was hockst du hier herum, Paco? Ich hab gehört, du musst für Don Alfredo arbeiten.

PACO: Ich **darf** für ihn arbeiten, Rosa. Und einen Männerlohn hat er mir auch gezahlt.

ROSA: Einen Männerlohn? Du bist ein Angeber.

PACO: Naja, nicht gerade einen ganzen Tageslohn. Nur einen halben Peso hab ich gekriegt. Er hat mir nur einen halben Peso gegeben. Ungerecht ist das. Hab gearbeitet wie ein ganzer Mann, Rosa.

## 2. Szene

ROSA: Einen halben Silberpeso? Immer noch ein Angeber.

PACO: Hat er aber.

ROSA: Das soll ich glauben? Zeig mir das Geld doch mal her.

PACO: Zeig doch mal! Zeig doch mal! Meine Mama ist damit gleich zu Don Alfredos Laden gelaufen. Alles ist für Mehl und Öl. Mist!

ROSA: Tja, so ist das nun mal hier bei uns. Unser Geld landet immer wieder bei Don Alfredo. Er gibt es und er nimmt es wieder. So ist es. Der Teufel scheißt immer auf den größten Haufen.

PACO: Du bist mal wieder ganz schlau, du Neunmalkluge, du.

ROSA: Stimmt es etwa nicht?

PACO: Ich sollte es genauso machen wie die Gonzales. Die ganze Familie ist mit dem Bus für immer in die Stadt. In der Stadt ist …

ROSA: … der Teufel los.

PACO: Was du immer mit dem Teufel hast, Rosa. Kennst du ihn etwa persönlich?

ROSA: *(bekreuzigt sich hastig)*
Mal den Teufel nicht an die Wand, Paco. Aber ich sag es dir, mein Lieber, den Gonzales geht es saudreckig in der Stadt. Keine richtige Wohnung. Nur ein ganz mieser Schuppen. Der alte Gonzales hat immer noch keine Arbeit gefunden. Und deine beiden Freunde Roberto und Pedro …

PACO: Sag nichts Schlechtes über meine Freunde, Rosa.
*(droht ihr mit der Faust)*

ROSA: Will ich auch gar nicht, du Hammel. Roberto und Pedro haben sich Schuhputzkasten zugelegt. Weißt du, zwei Bürsten und Poliertücher und verschiedene Schuhcremes und all das Zeug. Sie putzen den reichen Leuten die Schuhe.

PACO: Ist doch nicht schlecht, oder? Verdienen sicher mehr Geld als ich.

ROSA: Nee, schlecht nicht gerade. Aber sie müssen vor den Reichen den Rücken beugen. Müssen sich krummbiegen. Das wär nichts für mich.

PACO: Aber abends haben sie ein schönes Geld in der Tasche. Und beim Schuheputzen hat sich noch keiner totgearbeitet.

ROSA: Bist doch ein Hammel, Paco. Es gibt jede Menge Schuhputzer in der Stadt. Wenn die beiden Glück haben, bringen sie am Abend ein paar Centavos nach Haus. Reicht vorn und hinten nicht. Haben schließlich noch einen ganzen Stall voll jüngere Geschwister.

PACO: Was du nicht alles weißt.

ROSA: Hat mir Elena erzählt. Du kannst es ruhig glauben.

*(Chor und Rosa singen das* ***Schuhputzerlied****.)*

# Schuhputzerlied

## Schuhputzerlied 2/12

*(Chor, eventuell im Wechsel mit Rosa)*

Text: Willi Fährmann
Musik: Martin Wüstner

2. Ausgepackt den Schuhputzkasten, Bürsten, Tücher, Cremes und Pasten,
   eh ein anderer, eh ein stärkerer ihn von seinem Platz vertreibt.
   Der Letzte nimmt, was übrig bleibt. Dann ist alles aufgestellt.
   Das ist Pedros ganze Welt. Das ist Pedros ganze Welt.

3. Pedro kniet vor vielen Schuhen, keine Zeit sich auszuruhen.
   Schuhe von anderen, Schuhe von stärkeren. Dieser schaut ganz mürrisch drein.
   Jenem scheint er Luft zu sein. Ob Pedro seinen Lohn erhält?
   Das ist Pedros dunkle Welt. Das ist Pedros dunkle Welt.

4. Müd kehrt er am Abend heim, so geht es tagaus, tagein.
   Weil ein anderer, weil ein stärkerer Pedro jede Hoffnung nimmt.
   Hauptsache, die Kasse stimmt. Alles dreht sich nur ums Geld.
   Das ist eine schlimme Welt. Das ist eine schlimme Welt.

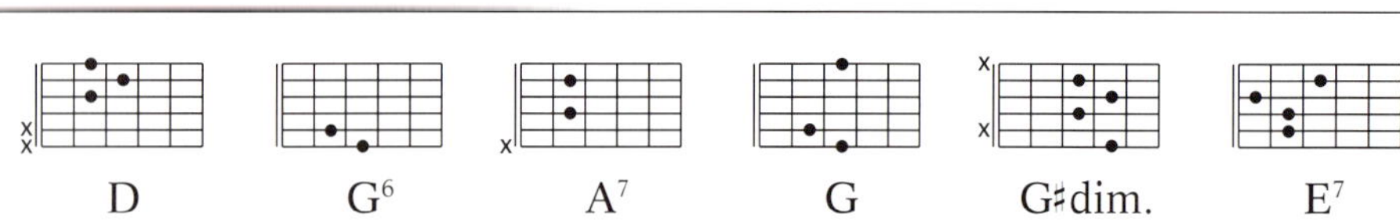

# 2. Szene (Fortführung)

PACO: Ich würde schon durchkommen in der Stadt. Aber ich kann Juanita nicht einfach im Stich lassen. Wer soll für meinen Esel sorgen?
*(springt hastig auf)*
Mensch, ich muss Juanita noch füttern.
*(geht eilig ab)*

ROSA: Für seinen Esel tut er alles. Wäre ein ganz besonderes Tier, sagt er.
Dabei ist sein Esel ein alter Klepper.
Ich glaube, Paco ist selbst ein Esel.

# Das Wunschlied

2. **Teresa:** Wenn er ein Zaub'rer wär
und wirklich zaubern könnt,
wünscht ich mir sehr:
Einen Topf groß und rund,
der wohl zu keiner Stund
nie würde leer, nie würde leer.

**Rosa:** Wenn er ein Zaub'rer wär,
hätt einen Zauberstab,
wünschte ich mir:
Einen steinreichen Mann,
der mit mir reisen kann
weit weg von hier, weit weg von hier.

3. **Ernesto:** Wenn Paco zaubern könnt,
und es wär wirklich so,
wünscht ich ein Feld.
Früh bis zum Abend spät
pflügt ich und eggt und sät.
Das wär meine Welt, das wär meine Welt.

**Paco:** Ich bin kein Zauberer,
kenn auch kein' Zauberspruch
und hab kein Geld.
**Alle/Chor:** Packen wir's selber an,
jede Frau, jeder Mann.
Wir ändern die Welt, wir ändern die Welt.

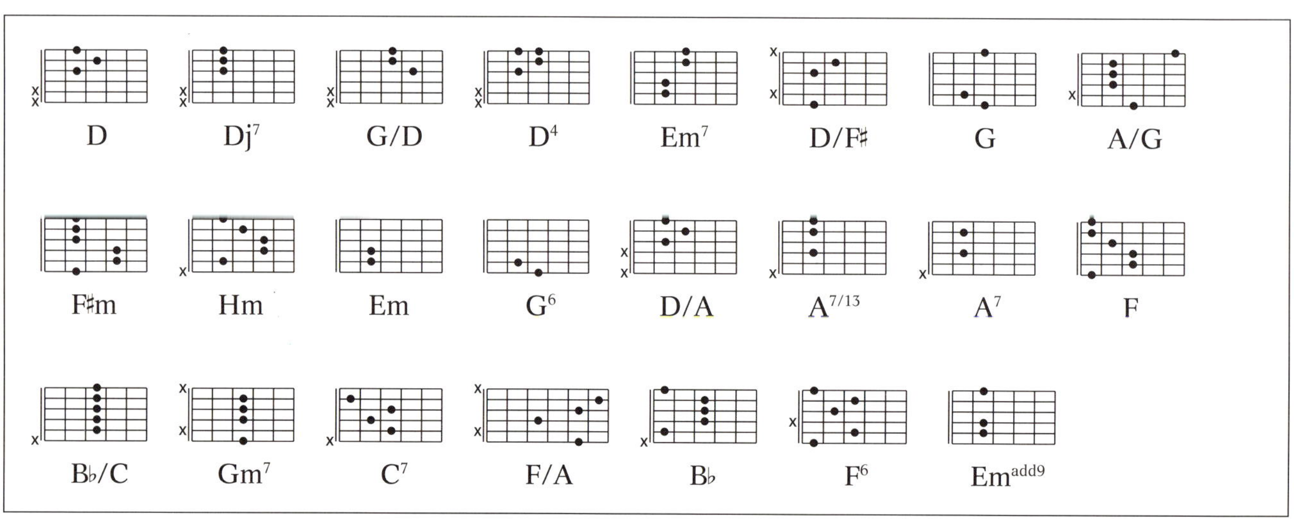

# 4. Szene

*(Mama Teresa, Papa Ernesto, Paco vor der Hütte. Rosa steht etwas abseits.)*

TERESA: Na, wie war es heute in der Schule, Paco?

PACO: Gut war's. Doña Clara hat eine Geschichte erzählt.

ERNESTO: Geschichten, Geschichten! Verplemperte Zeit ist das. Der Junge ist alt genug. Soll in den Feldern arbeiten.

TERESA: Wenn er in der Schule ordentlich lernt, wird vielleicht später mal was aus ihm. Dann geht es uns allen besser.

ERNESTO: Ja, ja, später. Wenn er aber jetzt arbeitet, geht es uns sofort besser. Weil wir dann ja beide verdienen.

TERESA: Paco lernt gut, Ernesto. Wär doch 'ne Schande, wenn damit Schluss sein soll. Doña Clara sagt auch …

ERNESTO: *(laut und ungehalten)* Doña Clara hat gut reden. Sie sitzt ja im Herrenhaus im warmen Nest. Und was macht sie? Erzählt den Kindern Geschichten. Du hast es ja gerade gehört, Teresa.

PACO: *(eifrig)* Ja, Mama, Papa, sie kann ganz toll Geschichten erzählen.

ERNESTO: *(steht wütend auf)* Lauter dummes Zeug. Geschichten, Geschichten! Wenn ich das schon höre! Verdreht den Kindern den Kopf.
*(geht ab)*

TERESA: Was war das für eine Geschichte heute, Paco?
*(Rosa tritt wieder leise dazu. Paco bemerkt sie nicht.)*

PACO: Von Maria und Josef hat sie erzählt. Von damals, als Jesus geboren worden ist, hat sie erzählt. War auch wohl so eine Hütte, so klapprig und windschief wie die von Gonzales. Die ganze Geschichte, Mama.

TERESA: Die kennst du doch längst, Paco. Hab ich dir doch schon oft erzählt.

PACO: Ja, Mama. Aber wenn Doña Clara das macht, dann ist es etwas anderes. Mir läuft dann jedes Mal eine Gänsehaut über den Rücken. Wenn sie von Josef erzählt, dann geht sie ganz gebeugt. Ist ganz genauso, als ob sie selbst der Josef wäre. Dann plustert sie sich auf und macht ein wütendes Gesicht. Sie ist dann der Wirt, der Maria und Josef nicht in sein Haus lassen will. Und wenn sie vom Engel spricht, Mama, dann breitet sie weit ihre Arme aus. Das müsstest du sehen, Mama. Du meinst fast, ihr wachsen Engelsflügel.

TERESA: Und was ist mit Ochs und Esel?

PACO: Wir haben alle lachen müssen. Sie hat gebrüllt wie ein Ochse und laut I-Aaa geschrien wie ein Esel. Genau wie meine Juanita ab und zu.

TERESA: *(lacht auch)* Das kann ich mir vorstellen, Paco. Doña Clara ist schon eine merkwürdige alte Lehrerin.

PACO: Aber am schönsten ist es, wenn sie erzählt, wie Jesus geboren worden ist. Sieht so aus, als ob sie ein kleines Kind im Schoß wiegt. Und ob du es glaubst oder nicht, sie wird auf einmal ganz jung, und ist …

TERESA: Na, sag schon. Wie ist es?

ROSA: Sieht so aus, als ob sie dann selbst die Maria ist, Paco, stimmt's?
*(Paco zuckt zusammen und wird verlegen.)*

## 4. Szene

PACO: Hast du die ganze Zeit gelauscht? Egal. So ungefähr ist es. Doña Clara kann alles sein, Josef und Maria, der Engel und der Wirt, ja, sogar Ochs und Esel.

ROSA: Der Teufel soll's holen. Meine Mama sagt es auch: Doña Clara macht uns alle mit ihren Geschichten noch total verrückt. Soll uns lieber was beibringen, was wir brauchen können. Ich mein, für das Leben brauchen können.

TERESA: Lass sie, Rosa. Vielleicht bauen ihre Geschichten ja in Pacos Kopf ein Nest. Wer weiß, was dann rausschlüpft.

ROSA: *(lacht und sagt im Weggehen)* Ich glaube, bei dem piepst's jetzt schon.

*(Chor singt* ***Doña Claras Geschichten****.)*

# Doña Claras Geschichten

## Doña Claras Geschichten 4/14

*(einstimmiger Kinderchor)*

Text: Willi Fährmann
Musik: Martin Wüstner

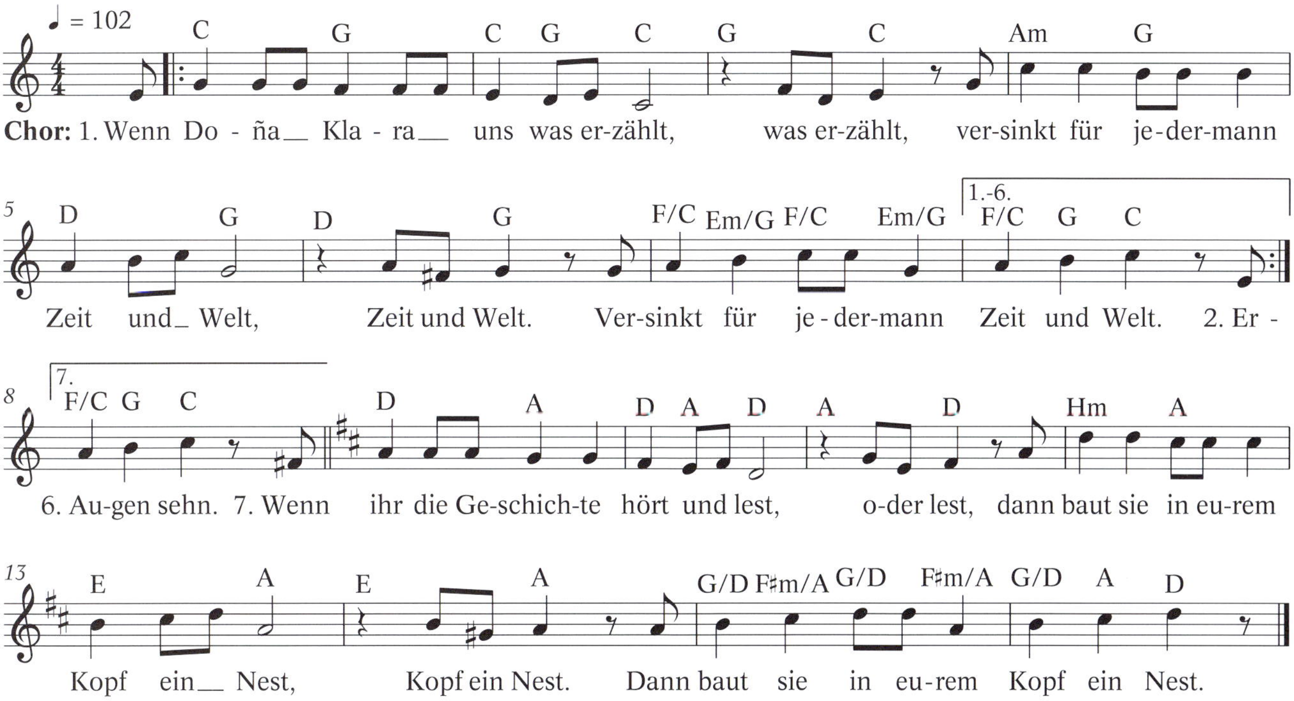


2. Erzählt sie von Jesus, dem Kind im Stall, Kind im Stall, dann schweigen sogar die Vöglein all, Vöglein all. Dann schweigen sogar die Vöglein all.

3. Maria, die Jungfrau, hat ihn gebor'n, ihn gebor'n. Sonst wär'n wir Menschen all verlor'n, all verlor'n. Sonst wär'n wir Menschen all verlor'n.

4. Ein strahlendes Licht war auf einmal da, einmal da. Da sangen die Engel Gloria, Gloria. Da sangen die Engel Gloria.

5. Als Doña Clara dann ist verstummt, ist verstummt, da hat es in Pacos Kopf gebrummt, Kopf gebrummt. Da hat es in Pacos Kopf gebrummt.

6. Was Doña Clara erzählt so schön, 'zählt so schön, will er mit eigenen Augen sehn, Augen sehn. Will er mit eigenen Augen sehn.

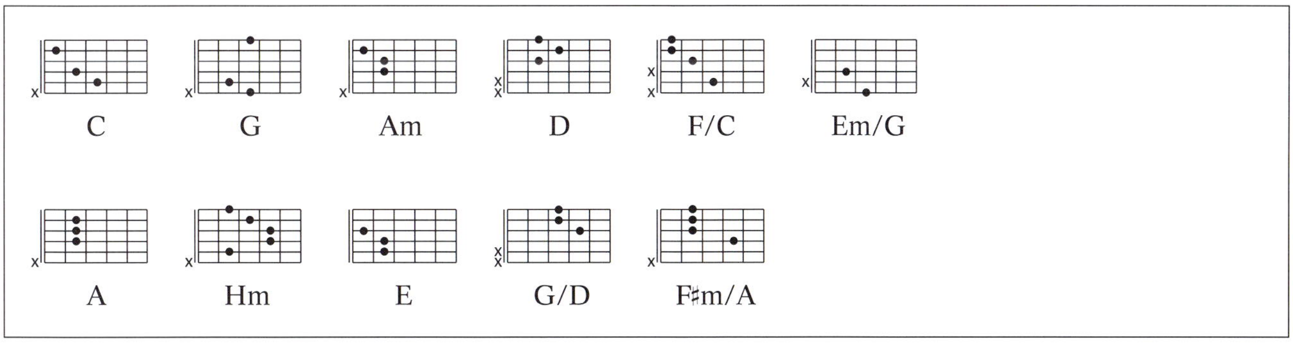

## 5. Szene

*(Doña Claras Neffe Don Alfredo sitzt vor dem Herrenhaus. Doña Clara tritt dazu.)*

CLARA: Ich muss mit dir unbedingt etwas besprechen, Alfredo.

ALFREDO: Schieß los, Tante Clara.

CLARA: Über Paco, den Sohn von Teresa und Ernesto will ich mit dir sprechen.

ALFREDO: Ist ein anstelliger Bursche, dieser Paco. Arbeitet ganz gut im Mais.

CLARA: Er ist mein fleißigster Schüler, Alfredo.

ALFREDO: Fleiß ist immer gut bei diesen Leuten. Es gibt leider viele Faulenzer und auch Trunkenbolde unter ihnen.

CLARA: Wenn er weiter zur Schule geht, kann aus Paco mal was werden.

ALFREDO: Er ist zehn Jahre alt, Tante Clara. Dann ist Schluss mit der Schule. Wo kommt der schon her? Und was kann so einer schon werden?

CLARA: Auf jeden Fall mehr als ein Campesino, ein Feldarbeiter.

ALFREDO: *(springt auf)* Schlag dir das aus dem Kopf! Mit so etwas wollen wir hier auf der Hazienda gar nicht erst anfangen.

CLARA: Aber er hat einen hellen Verstand, Alfredo. Er sollte unbedingt …

ALFREDO: Ein heller Verstand ist bei meinen Leuten gefährlich. Setze ihnen keine Flausen in den Kopf in deiner Schule. Erst lernen sie bei dir das Schreiben, Lesen und sogar Rechnen, dann fordern sie mehr Lohn und wollen schließlich auch noch ein Stück von meinem Land.

CLARA: Alfredo, du sprichst wie ein schlechter Mensch. Ich habe immer große Stücke auf dich gehalten. Aber jetzt enttäuschst du mich. Ganz selten bitte ich dich um etwas. Und dann schlägst du es mir ab.

ALFREDO: Du bist meine Lieblingstante, und das weißt du auch. Ich sage dir etwas. Äußere irgendeinen Wunsch, ganz gleich, was du haben willst. Wenn ich es kann, soll er erfüllt werden. *(Doña Clara schweigt und starrt vor sich hin.)* Du wolltest doch immer schon auf eine große Reise gehen, vielleicht nach New York und dort deine Freundin besuchen. *(Sie schweigt.)* Oder hättest du gern eine goldene Halskette mit einem Klunker dran? Wenn du keinen Edelstein willst, vielleicht soll der Goldschmied ein zierliches Kreuz für dich machen?

CLARA: Du würdest mir jeden Wunsch erfüllen, Alfredo?

ALFREDO: Na ja, wenn ich dir allerdings den Mond vom Himmel holen soll …

CLARA: Nein, Alfredo, nicht den Mond. Ich wünsche mir sehr, dass du mir endlich einen Klassenraum bauen lässt und Hefte und Stifte und Bücher für die Kinder. Und eine richtige Lehrerin bezahlst …

ALFREDO: *(lacht)* Das sind schon fünf Wünsche, Tante Clara. Wenn man dir den kleinen Finger reicht, schnappst du gleich nach der ganzen Hand. Einen Wunsch, Tante Clara, hast du frei. Aber dabei muss es für heute bleiben.

CLARA: Nun gut. Dann erlaube Paco vormittags in die Schule zu gehen. Bis zum Abend mag er ja dann auf den Feldern arbeiten.

ALFREDO: *(breitet weit die Arme aus)* Wer kann gegen dich Frauenzimmer ankommen? Also, von mir aus machen wir es so, vormittags ist er dein Schüler, bis zum Abend dann mein Arbeiter.

CLARA: *(umarmt ihren Neffen und gibt ihm einen Kuss)*
Jetzt, Alfredo, hast du gesprochen wie ein besserer Mensch.

# 6. Szene

*(Paco und Rosa. Paco schmückt den Schuppen von Gonzales.)*

PACO: Den Esel hab ich ja schon. Rosa werde ich fragen, ob sie die Maria spielen will. Aber wer soll der heilige Josef sein? Der Pferdeknecht Fernando vielleicht? Wenn ich dem eine Flasche Agavenschnaps anbiete, dann macht er es bestimmt. Bei Schnaps kann er nie nein sagen.
*(Rosa schaut Paco zu, wie er einen gelben Stern an den Schuppen nagelt.)*
*(Paco sagt leise zu sich)* Aber einen Ochsen. Wo krieg ich nur einen Ochsen her?

ROSA: Bist selbst ein Ochs!

PACO: *(erschrickt und faucht)* Lass mich in Ruhe! Spionier mir nicht dauernd nach!

ROSA: Ich denke, du brauchst einen Ochsen?

PACO: Hast du vielleicht einen?

ROSA: Wozu brauchst du so ein Tier?

## 6. Szene

Paco: Sag mir zuerst, Rosa, ob du Lust hast, die Maria zu spielen.

Rosa: Die Maria, die Mutter Gottes?

Paco: *(eifrig)* Ja, ich hab den Krippenstall fast fertig. Meine Juanita ist der Esel. Wir können die Geschichte genauso spielen, wie Doña Clara sie erzählt hat. Aber du musst die Maria sein.

Rosa: Warum gerade ich?

Paco: Rosa, du hast so schöne schwarze Haare.

Rosa: Hat mir noch keiner gesagt. *(streicht sich übers Haar)* Aber das Jesuskind. Musst noch ein paar Jahre warten, Paco, bis ich ein Kind bekomme.

Paco: Ich dachte, dein kleiner Bruder, der Manuel. Erzählst doch immer, dass der so ein braver Säugling ist.

Rosa: Ist er auch. Schreit fast nie, kann sogar schon lächeln.

Paco: Eben, Rosa. Das wäre doch eine Lösung. Du bringst ihn einfach mit. Dann ist Manuel das Jesuskind.

Rosa: Und Josef, die Engel, die Hirten, die Heiligen Drei Könige?

Paco: Irgendwie schaffe ich das schon. Sag doch ja.

Rosa: Nun gut. Ich mach es. Aber nur, wenn außer dir noch ein Ochs dabei ist. Einer mit vier Beinen. Kannst ja Don Alfredo fragen. Vielleicht schenkt er dir einen jungen, fetten Ochsen. Aber der Señor wird wahrscheinlich brüllen: „Du unverschämter Bengel!" *(Sie lacht und geht davon.)*

# 7. Szene

*(Mama Teresa, Papa Ernesto, Paco vor ihrer Hütte.)*

PACO: Mama, du kannst doch gut singen. Stimmt's?

ERNESTO: Das kann sie wahrhaftig, Paco. Wenn sie gute Laune hat und so richtig loslegt, dann zucken meine Beine, und ich möcht am liebsten eine Samba tanzen.

PACO: Mama, an Weihnachten singst du doch immer in der Kirche das Gloria.

ERNESTO: Das stimmt auch, Paco. Es gibt keine im ganzen Chor, die es besser kann als sie. Sie könnte sogar Opernsängerin sein.

TERESA: Übertreibe nicht, Ernesto.

PACO: Mama, kannst du nicht am Heiligen Abend bei meiner Krippe ein Engel sein und das Gloria singen?

ERNESTO: *(stutzt)* Mama, ein Engel?
*(lacht lauthals)* Das ist gut Paco! Ein Engel von 190 Pfund.
Das ist gut Paco, wirklich.

TERESA: Hör sofort auf, Ernesto! Kann ich was dafür, dass ich nicht mehr schlank bin wie ein junges Mädchen? Bist selbst auch nicht mehr so frisch wie damals, als wir geheiratet haben.

ERNESTO: *(steht auf und sagt im Weggehen)* Das muss ich sofort meinen Freunden erzählen.
*(lacht und schüttelt den Kopf)* Ein fetter Engel von 190 Pfund!

TERESA: *(ruft ihm nach)* Ja, ja, geh nur und tratsch es herum bei deinen Saufbrüdern. Mach deine Frau nur schlecht. Dieser Kerl! Aber wart nur, ich werde es dir schon noch zeigen.
*(zu Paco)* Es geht nicht, Paco. Engel müssen leuchten. Ich habe kein weißes Kleid. Es wird nicht gehen.
*(zu sich selbst nach einer Weile)* Was dieser Mann sich alles einbildet. Als ob ich kein Engel sein könnte. Eigentlich sollte ich ihm eins auswischen.

PACO: Mama, warum dürfen Engel denn nicht dick sein? Eine schöne Stimme, ja, das wohl. Aber vielleicht gibt es nicht nur dünne Engel?

TERESA: Möglich wäre es, Paco. Keiner weiß es ja genau, wie die Engel aussehen. Ich könnte ja das neue weiße Nachthemd über mein Kleid ziehen. Und wenn ich dann singe und hinter Gonzales' Hütte hervorkomme, dann wird er staunen, dein Papa.

PACO: Ja, Mama. Und deine Stimme wird jeder hören, wenn du das Gloria singst.

TERESA: Und Hosianna. Und Alleluja.

PACO: Was?

TERESA: Das Alleluja und das Hosianna werde ich auch singen. Genau wie die Engel in der Heiligen Nacht.

PACO: Du bist die beste Mama der Welt.

*(Paco singt die 1. Strophe von **Ich hab die beste Mama auf der Welt.**)*

**Ich ha**
*(Pacos*

Ac
Paco: 1
4 G
n
7 C
in
9 4.
G
t

2. Sie h
wenn
dann
Doch
Sie is

3. Sie w
wenn
und
Besti
Sie is

4. Ich h
Doch
dann
Ich w
Sie is
Ich h

G

# II

## Paco baut eine Krippe

## Notensatz für Klavier/Keyboard und Chor

# Eingangslied: Unsre große, kleine Welt

## Unsre große, kleine Welt 1/11

*(einstimmiger Kinderchor)*

Text: Willi Fährmann
Musik: Martin Wüstner

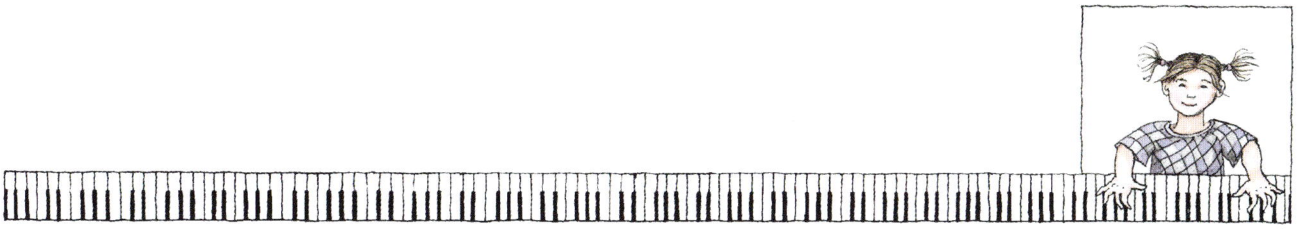

19
groß, so klein ist uns-re Welt. So groß und so klein ist uns-re Welt.
24
2. Ein-mal ist Süd - a - me - ri - ka_ mei-len-weit und dann ganz nah. Be-stimmt habt ihr's schon
29
fest - ge - stellt, vol-ler Rät - sel ist die Welt. Ein Schiff braucht wo - chen -
33
lang bei-nah._ Das E-Mail ist im Ruck-Zuck da._ Ihr habt es längst schon fest-ge-stellt, so
38
groß, so klein ist uns-re Welt. So groß und so klein ist uns-re Welt.

# Schuhputzerlied

## Schuhputzerlied 2/12

*(Chor, eventuell im Wechsel mit Rosa)*

Text: Willi Fährmann
Musik: Martin Wüstner

2. Ausgepackt den Schuhputzkasten, Bürsten, Tücher, Cremes und Pasten, eh ein anderer, eh ein stärkerer ihn von seinem Platz vertreibt. Der Letzte nimmt, was übrig bleibt. Dann ist alles aufgestellt. Das ist Pedros ganze Welt. Das ist Pedros ganze Welt.

3. Pedro kniet vor vielen Schuhen, keine Zeit sich auszuruhen. Schuhe von anderen, Schuhe von stärkeren. Dieser schaut ganz mürrisch drein. Jenem scheint er Luft zu sein. Ob Pedro seinen Lohn erhält? Das ist Pedros dunkle Welt. Das ist Pedros dunkle Welt.

4. Müd kehrt er am Abend heim, so geht es tagaus, tagein. Weil ein anderer, weil ein stärkerer Pedro jede Hoffnung nimmt. Hauptsache die Kasse stimmt. Alles dreht sich nur ums Geld. Das ist eine schlimme Welt. Das ist eine schlimme Welt.

# Das Wunschlied

## Das Wunschlied 3/13

*(Paco, Mama, Rosa, Papa und Chor)*

Text: Willi Fährmann
Musik: Martin Wüstner

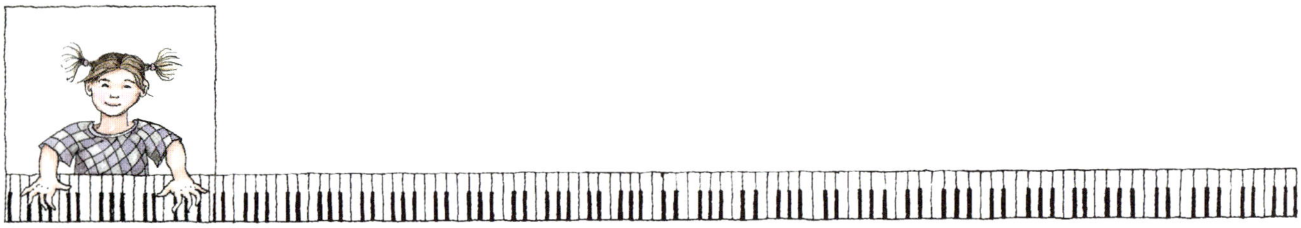

2. **Teresa:** Wenn er ein Zaub'rer wär und wirklich zaubern könnt, wünscht ich mir sehr:
Einen Topf groß und rund, der wohl zu keiner Stund nie würde leer, nie würde leer.

**Rosa:** Wenn er ein Zaub'rer wär, hätt einen Zauberstab, wünschte ich mir:
Einen steinreichen Mann, der mit mir reisen kann weit weg von hier, weit weg von hier.

3. **Ernesto:** Wenn Paco zaubern könnt, und es wär wirklich so, wünscht ich ein Feld.
Früh bis zum Abend spät pflügt ich und eggt und sät. Das wär meine Welt, das wär meine Welt.

**Paco:** Ich bin kein Zauberer, kenn auch kein' Zauberspruch und hab kein Geld.
**Alle/Chor:** Packen wir's selber an, jede Frau, jeder Mann. Wir ändern die Welt,
wir ändern die Welt.

# Doña Claras Geschichten

## Doña Claras Geschichten 4/14

*(einstimmiger Kinderchor)*

Text: Willi Fährmann
Musik: Martin Wüstner

2. Erzählt sie von Jesus, dem Kind im Stall, Kind im Stall, dann schweigen sogar die Vöglein all, Vöglein all. Dann schweigen sogar die Vöglein all.

3. Maria, die Jungfrau hat ihn gebor'n, ihn gebor'n, sonst wär'n wir Menschen all verlor'n, all verlor'n. Sonst wär'n wir Menschen all verlor'n.

4. Ein strahlendes Licht war auf einmal da, einmal da. Da sangen die Engel Gloria, Gloria. Da sangen die Engel Gloria.

5. Als Doña Clara dann ist verstummt, ist verstummt, da hat es in Pacos Kopf gebrummt, Kopf gebrummt. Da hat es in Pacos Kopf gebrummt.

6. Was Doña Clara erzählt so schön, 'zählt so schön, will er mit eigenen Augen sehn, Augen sehn. Will er mit eigenen Augen sehn.

# Ich hab die beste Mama auf der Welt

**Ich hab die beste Mama auf der Welt** (F-Dur) 5+6/15+16

*(Pacos Lied über seine Mutter)*

Text: Willi Fährmann
Musik: Martin Wüstner

2. Sie hat die schönste Stimme auf der Welt, wenn sie im Kirchenchor das Alleluja singt, dann fürchten viele, dass das Fensterglas zerspringt. Doch kann's auch klingen wie ein Vögelchen im Feld. Sie ist die beste Mama auf der Welt.

3. Sie weint ganz heimlich leise vor sich hin, wenn sie uns hungrig sieht, dann wird das Herz ihr schwer, und sie nichts kochen kann, weil alle Töpfe leer. Bestimmt wünscht sie sich dann, sie wär 'ne Königin. Sie ist die beste Mama auf der Welt.

4. Ich helf der Mama, will dafür kein Geld, doch wenn mich Faulheit packt oder der Übermut, dann werd ich störrisch und es geht uns gar nicht gut. Ich weiß dann bald, ich hab was Dummes angestellt. Sie ist die beste Mama auf der Welt. Ich hab die beste Mama auf der Welt.

# Ich hab die beste Mama auf der Welt

## Ich hab die beste Mama auf der Welt (G-Dur) 5+6/17+18

*(Pacos Lied über seine Mutter)*

Text: Willi Fährmann
Musik: Martin Wüstner

2. Sie hat die schönste Stimme auf der Welt, wenn sie im Kirchenchor das Alleluja singt, dann fürchten viele, dass das Fensterglas zerspringt. Doch kann's auch klingen wie ein Vögelchen im Feld. Sie ist die beste Mama auf der Welt.

3. Sie weint ganz heimlich leise vor sich hin, wenn sie uns hungrig sieht, dann wird das Herz ihr schwer, und sie nichts kochen kann, weil alle Töpfe leer. Bestimmt wünscht sie sich dann, sie wär 'ne Königin. Sie ist die beste Mama auf der Welt.

4. Ich helf der Mama, will dafür kein Geld, doch wenn mich Faulheit packt oder der Übermut, dann werd ich störrisch und es geht uns gar nicht gut. Ich weiß dann bald, ich hab was Dummes angestellt. Sie ist die beste Mama auf der Welt. Ich hab die beste Mama auf der Welt.

# Alle Kinder dieser Welt

## Alle Kinder dieser Welt 7/19, 20

*(einstimmiger Kinderchor)*

Text: Willi Fährmann
Musik: Martin Wüstner

20
1. ar - bei-ten muss? Das ist nicht recht! Macht end - lich da-mit Schluss!
2. Hun-ger lei-den muss? Das ist nicht recht! Macht end - lich da-mit Schluss!
24
Schluss-Refrain
— Ja, — macht end - lich da-mit Schluss! Al - le Kin-der die-ser
— Ja, — macht end - lich da-mit Schluss!
24
Welt sol-len la-chen, ler - nen, wüh - len, un - term wei-ten Him-mels-
28
zelt tau - send Spie-le spie - len. Das ist die Welt, die mir ge-fällt.
33
Das ist die Welt, die mir ge-fällt. Oh ja, das ist die Welt, die mir ge - fällt.

# Schlusslied: In dieser Nacht

## In dieser Nacht 10/23

*(Zweistimmiger Kinderchor mit Orgelbegleitung und Teresas „Alleluja“)*

Text: Willi Fährmann
Musik: Martin Wüstner

2. In dieser Nacht gab's für einen Augenblick
   nicht Streit und nicht Krieg
   nicht Hunger und Durst,
   nicht Lug und nicht Trug.
   Alle nur Menschen, alle nur Menschen.

   Auf die Erde kam ein kleines Stück
   vom Himmel, vom Frieden, vom Glück.
   So wird es sein am Ende der Zeit.
   So wird es sein in der Ewigkeit.

3. In dieser Nacht kam im Hirtenfeld
   als Kind in die Welt
   von des Vaters Thron
   der Menschensohn. *(Teresa singt: Alleluja, Hosianna)*
   Für alle Menschen, für alle Menschen.

   Auf die Erde kam ein kleines Stück
   vom Himmel, vom Frieden, vom Glück.
   So wird es sein am Ende der Zeit.
   So wird es sein in der Ewigkeit.

# Schlusslied: In dieser Nacht

## In dieser Nacht 10/23

*(SATB-Chor mit Orgel und Teresas „Alleluja“)*

Text: Willi Fährmann
Musik: Martin Wüstner

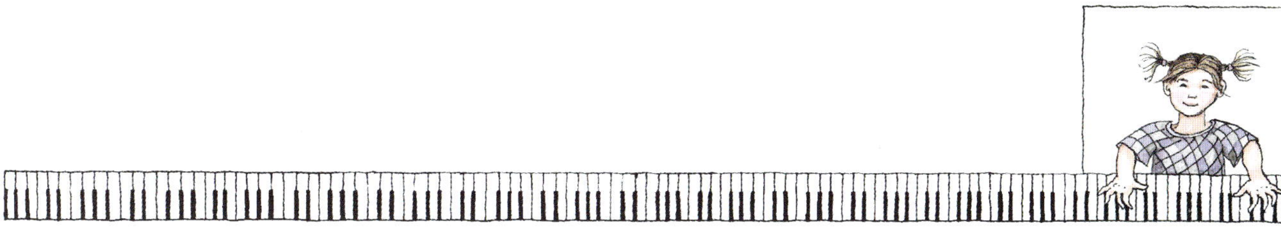

Refrain 13
1.-3. Auf die Er - de kam ein klei-nes Stück vom Him-mel, vom Frie - den, vom
1.-3. Klei-nes Stück vom Him - mel, Frie - den,
16
Glück. So wird es sein am En - de der Zeit. So wird es sein in der E - wig - keit.
Glück. Sein am En - de der Zeit. So wird es sein in der E - wig - keit.

# III

## Paco baut eine Krippe

## Hinweise zur Umsetzung

# Gestalterische Umsetzung

## Spiel- und Singrollen:

- **Paco**, ein 10-jähriger Bauernjunge: Text und Gesang
  (Auftritt in 1.–4. und 6.–11. Szene)

- **Mama Teresa**, Pacos Mutter, Hausfrau: Text und Gesang
  (Auftritt in 1., 4., 7. und 11. Szene)

- **Papa Ernesto**, Pacos Vater, Landarbeiter: Text und Gesang
  (Auftritt in 4. und 7. Szene)

- **Rosa**, ein Mädchen, das etwas älter ist als Paco: Text und Gesang
  (Auftritt in 2.–4., 6., 10. und 11. Szene)

  **Einige Schulkinder**: zwei davon mit Text
  (Auftritt in 3. Szene)

- **Don Alfredo**, Großgrundbesitzer (Besitzer der Hazienda): Text
  (Auftritt in 5., 9. und 11. Szene)

- **Doña Esmeralda**, Don Alfredos Frau: Text
  (Auftritt in 9. und 11. Szene)

- **Doña Clara**, Don Alfredos Tante, unterrichtet die Kinder der Landarbeiter: Text
  (Auftritt in 3., 5., 9. und 11. Szene)

- **Carlos**, Hausdiener von Don Alfredo: Text
  (Auftritt in 8. und 9. Szene)

- **Fernando**, ein Pferdeknecht, spielt den Josef in der Krippe: stumme Rolle
  (Auftritt in 11. Szene)

- **Dorfbewohner**, Besucher der Krippe: Gesang (Chor), fünf davon zusätzlich mit Text
  (Auftritt in 11. Szene)

- **Kinderchor** (einstimmig, Schlusschor evt. zweistimmig)
  → In der Schluss-Szene (11. Szene) sind alle Beteiligten auf der Bühne und singen gemeinsam beim Schlusschor mit.

Für die Vorbereitung und das Einstudieren der Spielrollen und des Gesangs sollten Sie etwa drei Monate einplanen.
Es ergeben sich verschiedene Möglichkeiten der Umsetzung, jeweils nach Ihren Möglichkeiten vor Ort:
Das Spiel kann mit einer Schulklasse unter Beteiligung aller Schülerinnen und Schülern aufgeführt werden.
Im Rahmen einer Schulaufführung mit älteren Schülerinnen und Schülern wäre eine klassen- und fächerübergreifende Zusammenarbeit ideal, z.B. Kooperation der Theater-AG mit dem Schulchor, evt. unter Beteiligung der einen oder anderen Lehrerperson. Die Gestaltung des Bühnenbildes könnte von einem Kunstkurs übernommen werden.
In außerschulischer Kooperation mit den Eltern oder im Rahmen der kirchlichen Jugendarbeit könnte eine gemischte Gruppe aus Kindern, Jugendlichen und Erwachsenen das Stück einstudieren.

# Gestalterische Umsetzung

Zudem (z.B. mit jüngeren Kindern) wäre eine Umsetzung als Schatten- oder Stabpuppenspiel möglich. Ein Schattenspiel kann auch mit kleinen, an Stäbchen geführten Figuren mit dem Arbeitsprojektor durchgeführt werden. Die Sprechrollen müssten dann nicht auswendig einstudiert werden, sondern könnten gut vorbereitet vorgelesen werden.

Bei der Verteilung der Rollen sollte darauf geachtet werden, dass einige Rollen Text und Gesang erfordern. Für die sehr textintensiven Hauptrollen Paco, Mama Teresa und Rosa kann von Anfang an ein Ersatzspieler (z.B. aus dem Chor) mit eingeplant werden, falls ein Mitspieler am Tag der Aufführung wegen Krankheit ausfällt.

Schon beim ersten Lesen des Textes sollten die spanischen Begriffe geklärt und deren Aussprache (z.B. Doña) geübt werden.

**Spanische Begriffe im Theatertext:**

| | |
|---|---|
| **Peso:** | Währungsbezeichnung in vielen mittel- und südamerikanischen Ländern, z.B. in Mexiko, Kuba, Kolumbien, Uruguay, Chile |
| **Centavo:** | Untereinheit von Peso |
| **Tortilla:** | Omelett, Maisfladen |
| **Don, Doña:** | Herr, „Herrin“ (Anrede) |
| **Señor:** | Herr (Anrede) |
| **Hazienda:** | großes Landgut, Farm |
| **Campesino:** | Landarbeiter, Bauer |

## Kostüme, Bühnenbild und Requisiten:

Mit den **Kostümen** kann man die gesellschaftlichen Unterschiede des Stückes gut illustrieren:
Paco, Rosa und die Schulkinder sind ärmlich gekleidet, die Kleider schon mehrmals geflickt.
Sie sind barfuß (nur falls die Bühne ausreichend warm ist!) oder haben einfache Sandalen an.
Für die letzte Szene braucht Rosa als Heilige Maria einen roten Poncho, der auch einfach aus einer Decke (mit einer Brosche oder Sicherheitsnadel geschlossen) bestehen kann.
Mama Teresa könnte in einer Hausfrauenschürze auftreten. In der letzten Szene hat sie ein weißes Nachthemd darüber gezogen. Papa Ernesto und der Pferdeknecht Fernando treten in Arbeitskleidung (bäuerlich) auf.
Der Herr und die Herrin der Hazienda heben sich davon ab durch elegante Kleidung (z.B. Anzug mit Hemd und Weste für Don Alfredo, ein schönes Kleid mit aufwändiger Frisur und Schmuck für Doña Esmeralda). Doña Clara sollte zwar elegant, aber schlicht gekleidet sein. Um sie als ältere Frau aussehen zu lassen, bieten sich ein Haarknoten und eine Brille an.
In der letzten Szene haben alle drei lange, verschiedenfarbige Umhänge übergezogen.

Für das **Bühnenbild** ergeben sich mehrere Möglichkeiten:
Wenn Umbauten des Bühnenbildes vermieden werden sollen, bietet sich folgende Lösung an:
Das Herrenhaus und die Hütten bestehen nur aus Fassaden mit Tür und Fenstern.
Die Herrenhausfassade bildet die rechte Seitenwand der Bühne, wobei sie ein wenig schräg gestellt werden kann. Sie ist das Zentrum der Szenen 5, 8 und 9.
Die Fassade der Hütte von Pacos Eltern, auch schräg gestellt, bildet die linke Seitenwand der Bühne. Hier spielen die Szenen 1, 4 und 7.

# Gestalterische Umsetzung

Die Fassade von Gonzales verlassener Hütte – später Krippenstall – bildet die Rückwand der Bühne. Ein überstehendes Dach ist sinnvoll. Hier werden die Szenen 6, 10 und 11 gespielt, wobei die Krippenszenerie mit Maria, Josef und dem Kind vor der Fassade unter dem Dach abläuft.
Die Plaza ist der gesamte Bühnenraum zwischen den Fassaden. Das ist der Ort für die Szenen 2 und 3, sowie der Raum für den Chor.
Bei einem Umbau des Bühnenbildes ist darauf zu achten, dass nicht ständige Umbauunruhe entsteht. Es würde sich empfehlen, wenn die Bühnenrückwand für alle drei Fassaden genützt würde, und zwar so, dass die jeweilig benötigte Fassade wie eine Schiebetür eingeschoben werden kann und die dahinter liegenden, die gerade nicht benötigt werden, verdeckt.

Als zusätzliche **Requisiten** benötigen Sie:

1. und 8. Szene: ein silbernes Geldstück für Paco.
8. und 9. Szene: einen Strohhut für Paco.
11. Szene:
- Laternen für den Stall und die Krippenbesucher; da auf der Bühne nicht mit offenem Feuer gearbeitet werden darf, bieten sich hier Lichter mit Batterie an.
- eine Babypuppe als Christkind.
- als Geschenke: ein Krug (1. Stimme), ein Weißbrot (2. Stimme), ein Lammfell (3. Stimme), eine Melone (4. Stimme), ein Halstuch (5. Stimme), ein goldenes Geldstück (Don Alfredo), ein Parfümfläschchen (Doña Esmeralda) – das Zerschellen des Fläschchens sollte nur durch ein Geräusch illustriert werden –, ein kleines, weißes Säckchen (Doña Clara).

# Musikalische Umsetzung

Die Lieder und Songs sind abwechslungsreich in Rhythmus und Stimmung. Auch die Begleitinstrumente auf der CD sind passend dazu gewählt. Die ersten Lieder „Unsre große, kleine Welt“ und das „Schuhputzerlied“ führen z.B. in das Thema „Südamerika“ ein, während der Schlusschor „In dieser Nacht“ die feierliche und getragene Stimmung der Weihnachtsnacht wiedergibt.

Die Musik des Stückes kann vielfältig eingesetzt werden. Je nach Ihren Möglichkeiten, können Sie (oder musikalische Schüler) die Lieder selbst begleiten.

## Lieder mit Gitarrenbegleitung (Teil I des Buches)

Auch wenn Sie die Lieder nicht mit Gitarre begleiten wollen, sollten die Schauspieler und die Chorkinder diese Version als Kopie erhalten, um sie sich zu Hause einprägen zu können. Da Text und Melodie der Lieder sehr eingängig sind, werden die Kinder diese durch die Proben bald verinnerlicht haben. Bei zusätzlicher Verwendung der Play-backs (s.u.) ist es wichtig, auf die richtigen Einsätze zu achten, was aber erfahrungsgemäß nach einigem Proben nicht schwer fällt. Die verwendeten Gitarrengriffe sind jeweils bei den einzelnen Liedern abgedruckt. Alle Akkorderweiterungen bei den Gitarrenakkorden können zur Vereinfachung auch weggelassen werden: Anstatt G6 oder Gis dim kann auch nur G-Dur, anstelle von D6 oder Dmaj nur D-Dur und anstelle von Em7 nur Em gespielt werden.

**Anmerkungen zu einzelnen Liedern:**

- **Doña Claras Geschichten** (S. 17): Der 7. Vers wird einen Ton höher gespielt in D-Dur.

- **Ich hab die beste Mama auf der Welt** (S. 22): Hier wurde eine Notierung in G-Dur gewählt, da diese Tonart besser für eine Gitarrenbegleitung und für kleinere Kinder einfacher zum Singen (1 Ton höher) ist. Auf der CD zum Buch ist das Lied in F-Dur eingesungen (5+6). Dies ist einfacher für ältere Kinder. Bei den Play-backs auf der CD finden Sie beide Versionen (15+16, 17+18).

- **Alle Kinder dieser Welt** (S. 27): Der Ablauf des Stückes ist Refrain – Strophe 1 – Refrain – Strophe 2 – Schluss-Refrain. Achtung: Die 2. Strophe hat einen anderen Sprach-Rhythmus.

- **Singt ihr Engel** (S. 29): Da dieses Lied ein Kanon ist, wurde auf Harmonieangaben verzichtet.

- **Alleluja** (S. 30): Dieses Lied wird a capella (von Mama Teresa) gesungen. Auch hier wurde auf Harmonieangaben verzichtet.

- **In dieser Nacht** (S. 33): Das Lied ist für einen zweistimmigen Kinderchor angelegt, kann aber natürlich auch nur einstimmig gesungen werden. Bitte beachten Sie auch die Hinweise zum Klavier-Notensatz.

# Musikalische Umsetzung

## Notensatz für Klavier oder Keyboard (Teil II des Buches)

**Anmerkungen zu einzelnen Liedern:**

- **Ich hab die beste Mama auf der Welt:** Je nach Stimmlage des Sängers (Solo Paco) können Sie zwischen einer Begleitung in F-Dur (S. 42, ) oder G-Dur wählen (S. 43, 17+18) wählen. Die Begleitung kann man auch sehr schön mit Streichersounds oder Strings-/Piano-Sounds spielen, da die Töne ruhig und lang sind.

- Zu **Singt ihr Engel** und **Alleluja** gibt es keine Begleitung (s.o.). Die Melodiestimmen finden Sie im Spieltext auf S. 29 und S. 30.

- **In dieser Nacht:** Dieser Schlusschor wirkt am besten mit einer Orgelbegleitung. Für den Chor gibt es je nach Möglichkeit zwei Fassungen: Einen zweistimmigen Chorsatz für Kinderchor (S. 46/47, 10) und einen vierstimmigen Chorsatz für Sopran, Alt, Tenor und Bass (S. 48/49), z.B. wenn Erwachsene mitwirken. In beide Fassungen ist das Alleluja von Teresa (nur im 3. Vers!) integriert.

## Zum Umgang mit der CD

Falls kein Chor zur Verfügung steht, wäre es denkbar, die Lieder einfach von der CD abzuspielen (z.B. als Untermalung eines Schattenspiels).
Durch die beiliegende Audio-CD mit Gesang und Play-backs kann die Begleitmusik aber auch leicht eingeübt und aufgeführt werden.
Im ersten Teil der CD sind alle Lieder als Hörbeispiel professionell eingesungen ( 1–10).
Der zweite Teil der CD enthält die dazugehörigen Play-backs ( 11–23).

**Anmerkungen zu einzelnen Liedern:**

- **Ich hab die beste Mama auf der Welt**: Das Hörbeispiel ist in F-Dur aufgenommen und besteht dem Spieltext gemäß aus zwei Teilen ( 5+6). Bei den Play-backs haben Sie die Wahl zwischen F-Dur ( 15+16) und G-Dur ( 17+18), je nach Stimmlage des Sängers (s.o.).

- **Alle Kinder dieser Welt**: Hier gibt es zwei Play-back-Versionen: 19 mit Chor, 20 ohne Chor.

- Zu **Singt ihr Engel** und **Alleluja** gibt es Playbacks mit Orgelbegleitung ( 21, 22), die Sie zum Einüben der Lieder verwenden können. Bei der Aufführung wäre es auch möglich, die Stücke a capella singen zu lassen (s.o.).

Bevor Sie mit der Chorprobe beginnen, sollten Sie Folgendes vorbereiten:
Benutzen Sie von der ersten Probe an eine leistungsstarke Musikanlage (am besten wäre ein Verstärkermischpult mit zwei Boxen auf Stativen), damit sich die Kinder die Play-back-Musik von Anfang an gut einprägen können.
Achten Sie darauf, dass die Lautstärke nie zu laut oder zu leise eingestellt ist und die Bässe und Höhen ausgewogen sind.
Falls die Solo-Sänger mit Mikrofonen singen: Benutzen Sie keinen Hall für die Mikrofone, weil die Kinder dann weniger hören können, ob sie richtig oder falsch singen.

# Musikalische Umsetzung

Auch „hinter der Bühne“ braucht man nun freiwillige Helfer. Es wäre sehr gut, wenn schon von Beginn der Proben an einem Schüler die Bedienung des CD-Spielers zugewiesen wird.
Um das richtige Anwählen der einzelnen Titel zu erleichtern, hilft eine kleine schriftliche Gedächtnisstütze mit den Titelnummern.

## Die Chorprobe

Für Kinder ist es wichtig, sich mit den Melodien vertraut zu machen. Daher sollten Sie zunächst jedes Lied einzeln vorspielen. Danach könnten die Kinder einfach mit dem Gesang der CD (1–10) mitsingen. Wenn die Kinder zu den Play-backs mitsingen, können Sie den Einsatz (Handzeichen) üben. Nach einiger Zeit werden die Lieder gut verinnerlicht sein, auch die Liedtexte übt man am besten durch häufiges Singen.
Die Solosänger könnten am Anfang durch geeignete Kinder aus dem Chor (auch als Ersatz, wenn einer der Hauptdarsteller krank wird!) unterstützt werden. Nach und nach gewinnen sie mehr Zutrauen in das Singen vor Publikum.
Falls sich Kinder im Chor bis zur Aufführung noch unsicher fühlen, können sie die Liedtexte in die Aufführung mitnehmen. Nur die wenigsten werden diese Hilfe aber noch benötigen.
Es empfiehlt sich, bereits bei der Chorprobe auf die richtige Positionierung der Kinder und der Lautsprecheranlage zu achten, so wissen die Sänger und Sängerinnen später genau, wo sie bei der Aufführung zu stehen haben.
Falls es organisatorisch möglich ist, können alle Chorkinder in der letzten Szene mit auf die Bühne (z.T. als Mitspieler, der Rest als „Zuschauer“ der Krippenszene). So kann der Schlusschor von allen Beteiligten gemeinsam gesungen werden.

# IV

## Paco baut eine Krippe

## Lesetext

# Paco baut eine Krippe

Seit die Gonzales in die Stadt gegangen waren, stand die Hütte leer. Es war keine feste Hütte, nein, es war eher eine wacklige Bude. Wenn der Wind hart von den Bergen her blies, dann klapperten die losen Bretter an den Wänden, und das Wellblechdach drohte wegzufliegen. Aber es war immerhin eine Hütte.

Paco wohnte bei seinen Eltern, nur einen Steinwurf weit von Gonzales' Hütte entfernt. Er war zehn Jahre alt und ziemlich groß für sein Alter. Bei der Maisernte hatte Don Alfredo ihm die Hälfte eines Männerlohns gezahlt. Zu wenig, fand Paco, denn er hatte gearbeitet wie ein ganzer Mann. Aber was Paco dachte, das scherte Don Alfredo wenig. Paco hatte jeden Abend den Tageslohn seiner Mutter gegeben. Fast den ganzen Lohn.

Der Mutter zerfloss das Geld zwischen den Fingern. „Es ist immer zu wenig", seufzte sie, wenn sie aus Don Alfredos Laden kam und ein paar Kleinigkeiten eingekauft hatte. „Und immer wieder landet das Geld bei Don Alfredo", sagte Paco. „Er gibt es, und er nimmt es wieder."

Manchmal dachte Paco auch daran, es genauso zu machen wie die Gonzales und wegzulaufen von der Hazienda und in die Stadt zu gehen. Aber er hatte vom Leben der Gonzales in der Stadt nicht viel Gutes gehört. Seine Freunde Pedro und Alberto waren froh, wenn sie den Touristen für ein paar kleine Münzen die Schuhe putzen konnten, und Papa Gonzales hatte immer noch keine Arbeit gefunden.

Und dann war da ja auch noch Juanita, seine alte Eselin. Paco hatte sie von seinem Großvater geerbt, als der im Jahr zuvor gestorben war. Die Eselin und Großvaters wunderbarer Strohhut mit der breiten Krempe, das war Pacos Erbteil. Viel mehr hatte der Großvater auch nicht zu vererben gehabt. Im Gegenteil, in Don Alfredos Laden hatte er sogar Schulden gemacht. Aber Don Alfredo konnte manchmal auch großzügig sein. Er hatte die Schulden einfach durchgestrichen.

Die Eselin sah Don Alfredo sich allerdings genau an. Aber wie gesagt, Juanita war alt, und ihr Fell war wie von Motten zerfressen. Da sagte Don Alfredo zu Paco: „Wenn du das Tier haben willst, dann nimm es von mir aus." Paco hatte Juanita herausgefüttert, und keiner sagte mehr: „Auf ihren Rippen kann man Gitarre spielen." Paco brachte die Eselin in Gonzales Hütte unter, und Don Alfredo verbot es nicht.

# Paco baut eine Krippe

Ja, manchmal war Don Alfredo wirklich großzügig. Aber am besten war es, dass er Paco erlaubte, zu Doña Clara zu gehen. Doña Clara war die alte Tante von Don Alfredo. Sie hatte sich in den Kopf gesetzt, den Kindern aus den Arbeiterhütten das Schreiben und das Lesen beizubringen. Paco aber sollte für Don Alfredo tagsüber in den Feldern arbeiten. Doch Doña Clara stritt mit Don Alfredo darüber. „Paco ist mein fleißigster Schüler“, sagte sie. „Er ist zwar schon zehn, aber ich wünsche, dass er bei mir in der Schule bleiben darf. Er ist ein heller Kopf.“

„Helle Köpfe sind gefährlich, Tante“, antwortete Don Alfredo. „Erst lernen sie Lesen und Schreiben, dann wollen sie mehr Lohn und schließlich auch noch ein Stück Land.“ Aber schließlich setzte Doña Clara ihren Willen durch.

Was Paco in der Schule am besten gefiel, das waren Doña Claras Geschichten. Wenn sie erzählte, dann wurden ihre Augen groß und rund. Die Kinder waren dann mäuschenstill.

Eine ihrer Geschichten war es auch, die jene wunderbare Nacht möglich machte, jene Nacht, von der viele auf der Hazienda noch Jahre später erzählten.

Doña Clara berichtete von der Geburt Jesu, und es hielt sie nicht hinter ihrem Pult. Sie ging gebeugt vor den Kindern hin und her und war der heilige Josef. Dann plusterte sie sich auf und wies als Wirt mit barschen Worten und hartem Gesicht Maria und Josef aus dem Haus.

Besonders gern hatten es die Kinder, wenn sie der Engel war. Sie stand dann mit weit ausgebreiteten Armen da und verkündete die Frohe Botschaft. Ihr Gesicht strahlte wie Engelsglanz. Und wenn sie Ochs und Esel darstellte und brummte und laut I–A schrie, dann mussten die Kinder lachen. Die Freude sprang aber erst recht auf alle über, wenn sie still und mit einem Male ganz jung geworden das Jesuskind in ihrem Schoß wiegte. Doña Clara konnte alles sein, Maria und Josef, der Engel, die Hirten, die Tiere und die Heiligen Drei Könige. Nur wenn Don Alfredo unversehens hereinschaute, dann war sie wieder die strenge Lehrerin Doña Clara. Genau diese Geschichte von der Geburt Jesu war es, die in Pacos Kopf ein Nest baute. Es brütete in dem Jungen, bunte Vögel schlüpften aus und flogen ins Freie.

Paco schmückte eines Tages die Hütte von Gonzales mit immergrünem Efeu und schaffte, niemand weiß woher, einen Futtertrog herbei. Juanita, die Eselin, wurde angeleint, weil sie immer an dem Grün knabberte. Aus einem Pappkarton schnitt Paco einen Stern aus und befestigte ihn über der Tür zur Hütte. Dann wusch sich Paco so gründlich wie im ganzen Jahr noch nicht, rieb alle Flecken aus seinem Poncho und bürstete seinen schönen Hut.

# Paco baut eine Krippe

„Paco geht auf Brautschau“, neckte ihn seine Mama, aber darüber konnte er nur lachen. Paco fasste sich ein Herz und ging zum Herrenhaus hinüber. Noch nie vorher war er in Don Alfredos Haus gewesen. Zaghaft klopfte er an die große Tür. Carlos, der alte Hausdiener, öffnete. Er zog die Augenbrauen hoch und schaute auf Paco herab.

„Ich muss Don Alfredo sprechen“, sagte der Junge. Als Carlos stumm blieb, holte Paco einen halben Silberpeso hervor. Den hatte er vom Erntegeld zusammengespart. Er zeigte Carlos das Geldstück und ließ es dem Hausdiener in die Tasche gleiten. „Es ist dringend, Carlos, sehr dringend“, sagte Paco. Carlos drehte sich um, und der Junge lief hinter ihm her in die große, kühle Halle. So etwas war Paco bisher nur aus Märchen bekannt. Der Boden war mit weichen Teppichen ausgelegt, Bilder schmückten die Wände, und von der Decke hing ein Leuchter mit tausend und abertausend glitzernden Kristalltropfen.

Carlos gab dem Jungen ein Zeichen, dass er warten solle. Er verschwand hinter einer mächtigen dunklen Tür. Kurz darauf kam Don Alfredo in die Halle und fuhr Paco barsch an: „Das sind ja ganz neue Moden. Kommst ungerufen in unser Haus und nimmst nicht einmal den Hut vom Kopf.“ Paco riss den Hut herunter und stotterte: „Ich möchte gern …, ich wollte Sie fragen …, ich brauche nämlich einen Ochsen, Don Alfredo, ganz dringend.“ Don Alfredo lachte laut und rief: „Hört euch das an! Einen Ochsen will der Bursche. Als ob ich mir nichts, dir nichts einen Ochsen verschenke.“ Es öffneten sich zugleich zwei Türen, und Doña Clara und Doña Esmeralda, die Frau von Don Alfredo, schauten, was es in der Halle Vergnügliches gab. „Einen Ochsen will er“, rief Don Alfredo und prustete vor Lachen. „Warum nicht gleich eine Kuh dazu oder eine ganze Herde, wie?“

„Nur einen einzigen Ochsen, Don Alfredo, bitte. Aber ein kräftiges Tier soll es schon sein. Geschenkt will ich den Ochsen ja nicht. Ich will ihn nur leihen, leihen für eine einzige Nacht.“ Don Alfredos Lachen brach ab. „Leihen? Einen Ochsen? Für eine einzige Nacht?“

Da wurde Paco eifrig, und es sprudelte nur so aus ihm heraus: „Eine Krippe will ich bauen, so wie Doña Clara erzählt hat, und mein Esel soll dabei sein, wie Doña Clara erzählt hat, und Maria und Josef, wie Doña Clara erzählt hat, und auch ein Ochse, wie …“

„Doña Clara erzählt hat“, sagte Don Alfredo und schaute seine Tante spöttisch an. Doch die zuckte nur die Schultern.

# Paco baut eine Krippe

„Damit man sich's besser vorstellen kann, das mit der Geburt in Bethlehem." Paco hatte den letzten Satz ganz leise gesprochen. Don Alfredo blickte finster auf den Jungen, und der ging allmählich rückwärts auf das Eingangsportal zu. „Werden von Tag zu Tag dreister, diese Pacos", grollte Don Alfredo. Aber da sagte Doña Clara: „Kann es schaden, lieber Neffe, wenn du dem Jungen den Wunsch erfüllst? Du wirst nicht ärmer davon, aber er fühlt sich für eine Nacht reich wie ein König."

Don Alfredo zögerte noch, dann aber sagte er: „Na, meinetwegen. Weil ja bald Weihnachten ist."

Alles andere ging ganz leicht. Maria Simancas war nur wenig älter als Paco. Sie sollte die Gottesmutter sein, weil sie ja auch Maria hieß und so lange, schwarzlockige Haare hatte. Maria wollte ihren kleinen Bruder mitbringen. Das war ein dicker Säugling. „Weil er so selten schreit", sagte sie.

Mit dem heiligen Josef war es etwas schwieriger. Paco musste Fernando überreden und ihm sogar eine Flasche Agavenschnaps versprechen, bevor er sich bereit fand, Marias Mann zu sein. „Die Hirten werden von selber kommen", hoffte Paco.

„Und der Engel?", fragte Mama ihn. Paco druckste eine Weile herum, aber dann sagte er: „Ich dachte du, Mama."

Da lachte sein Vater so laut, dass das Papier zerriss, das er über die zerbrochene Fensterscheibe geklebt hatte. „Ein kugelrunder Engel mit zwei Zentnern", brüllte er und geriet vor lauter Lachen ganz außer Atem.

„Ich habe kein weißes Kleid, Paco", sagte Mama traurig. „Engel müssen leuchten." „Aber du hast eine wunderschöne Stimme, Mama. Du könntest dich hinter Gonzales' Haus stellen. Dann singst du, was du jedes Jahr an Weihnachten singst: Halleluja, Frieden und Halleluja."

Immer noch lachte der Vater. Das ärgerte die Mama, und sie sagte: „Das mache ich, Paco."

Gegen Abend ließ Don Alfredo den Ochsen bringen. Ein junger Hirte führte ihn am Nasenring. Als die Sonne unterging, da kamen fast alle aus ihren Häusern und schwatzten und lachten und liefen zu Gonzales' Hütte. Die Tür und die Fenster standen weit offen. Maria hockte vor dem Trog und hatte den Säugling auf Maisstroh gebettet. Ochs und Esel lagerten friedlich auf dem Boden, und Fernando stand auf einen Stab gestützt hinter Maria.

Paco zündete einen Stalllaterne an. Es war ein merkwürdiges Bild da in dem Lichtkreis. Alle wurden ganz still und schauten. Wer eigentlich damit angefangen hatte, wusste später niemand mehr zu sagen, aber auf einmal gab einer eine reife Melone, ein anderer legte drei große Maiskolben vor dem Trog nieder, eine Frau schenkte eine fast neue Windel, und ein Krug Milch und ein frisches Brot wurden in die Hütte gereicht.

# Paco baut eine Krippe

Gerade als Don Alfredo, Doña Esmeralda und Doña Clara aus dem Herrenhaus herüberkamen, da begann hinter der Hütte Mama das Halleluja mit lauter, klarer Stimme zu singen. Es war kühl geworden, und Don Alfredo und die Frauen hatten sich in lange weite Mäntel gehüllt. Vor ihnen tat sich eine Gasse auf. Schnurstracks gingen sie unter dem Stern her in Gonzales' Hütte hinein.

„Puh!", sagte Doña Esmeralda, „hier riecht es nicht gut." Sie holte ein Parfümfläschchen aus ihrer Tasche. Doch es rutschte ihr aus der Hand und zersprang auf dem Boden. Ein wunderbarer Duft druchströmte die Hütte. Don Alfredo schaute sich nach Paco um, doch es war inzwischen dunkel geworden, und er konnte ihn in dem matten Schein der Laterne nicht sehen. Da legte Don Alfredo ein Geldstück zu den Geschenken. Es glänzte wie Gold.

Doña Clara hatte Paco entdeckt. „Damit alles richtig wird", flüsterte sie ihm zu. „Ich habe ein Beutelchen Myrrhe mitgebracht." Und für einen Augenblick war sie einer der Heiligen Drei Könige. Und für kurze Zeit war ein großer Friede in Gonzales' Hütte. Don Alfredo und Mama, Doña Esmeralda, Doña Clara und Maria, ja, selbst der mürrische Fernando, sie alle waren nicht arm oder reich, nicht Herren oder Landarbeiter, nicht vornehme Damen oder arme Indiofrauen, in diesem Augenblick waren sie alle nur Menschen.

Dann erlosch die Stalllaterne. Als sie die Nachtkälte zu spüren begannen, liefen sie auseinander, die einen in ihre Hütten, die anderen in das Herrenhaus.

Doch von dieser Nacht an, in der sie einen kurzen Blick in eine andere Welt getan hatten, erzählen die Leute in jener Gegend bis auf den heutigen Tag immer wieder die Geschichte von Paco und seiner Krippe.

# Titelliste der Audio-CD

| | |
|---|---|
| **Hörbeispiele:** | |
| 1. Unsre große, kleine Welt | 1:19 |
| 2. Schuhputzerlied | 2:24 |
| 3. Das Wunschlied | 2:41 |
| 4. Doña Claras Geschichten | 2:29 |
| 5. Ich hab die beste Mama auf der Welt (Teil 1) | 0:47 |
| 6. Ich hab die beste Mama auf der Welt (Teil 2) | 2:01 |
| 7. Alle Kinder dieser Welt | 2:17 |
| 8. Singt, ihr Engel | 1:38 |
| 9. Alleluja | 0:52 |
| 10. In dieser Nacht | 3:17 |
| **Play-backs:** | |
| 11. Unsre große, kleine Welt | 1:19 |
| 12. Schuhputzerlied | 2:24 |
| 13. Das Wunschlied | 2:41 |
| 14. Doña Claras Geschichten | 2:29 |
| 15. Ich hab die beste Mama auf der Welt/F-Dur (Teil 1) | 0:47 |
| 16. Ich hab die beste Mama auf der Welt/F-Dur (Teil 2) | 2:01 |
| 17. Ich hab die beste Mama auf der Welt/G-Dur (Teil 1) | 0:47 |
| 18. Ich hab die beste Mama auf der Welt/G-Dur (Teil 2) | 2:01 |
| 19. Alle Kinder dieser Welt (mit Chor) | 2:17 |
| 20. Alle Kinder dieser Welt (ohne Chor) | 2:17 |
| 21. Singt, ihr Engel | 1:01 |
| 22. Alleluja | 0:52 |
| 23. In dieser Nacht | 3:17 |
| **Gesamtspielzeit:** | **44:25** |

**SängerInnen:** Patric Neumann: 1, 2, 3, 7
Amy Roc: 3, 4, 5, 6
Katrin Haug: 3, 8, 9, 10
Chor (Amy Roc und Katrin Haug): 7, 19

Aufgenommen, gemischt und gemastert in den Jam-Studios, Steinheim

Toningenieur: Frank Wendler

Künstlerische Gesamtleitung und Produktion: Martin Wüstner